技工院校商贸类通用教材
中等职业学校商贸类通用教材

经济法基础（第二版）习题册

孙璇 主编

中国劳动社会保障出版社

简介

本书是《经济法基础（第二版）》的配套习题册。本书题型设计多样，包括填空题、单项选择题、多项选择题、判断题、简答题、案例题等，力求充分体现教材的重点和难点，反映实际工作中将接触的具体问题，使学生能够掌握有关知识和原理，并具有解决实际问题的能力。

本书由孙璇任主编，张朝东任副主编，张建红、马新芝、梁军红、段洁羽、李彦辉参加编写。

图书在版编目（CIP）数据

经济法基础（第二版）习题册 / 孙璇主编 . -- 北京 : 中国劳动社会保障出版社，2025. --（技工院校商贸类通用教材）（中等职业学校商贸类通用教材）. -- ISBN 978-7-5167-6810-5

Ⅰ. D922.294

中国国家版本馆 CIP 数据核字第 2025T6D229 号

经济法基础（第二版）习题册

JINGJIFA JICHU（DI-ER BAN）XITICE

中国劳动社会保障出版社出版发行

（北京市惠新东街 1 号　邮政编码：100029）

*

北京鑫海金澳胶印有限公司印刷装订　新华书店经销

787 毫米 ×1092 毫米　16 开本　4 印张　80 千字

2025 年 6 月第 1 版　2025 年 6 月第 1 次印刷

定价：9.00 元

营销中心电话：400-606-6496

出版社网址：https://www.class.com.cn

https://jg.class.com.cn

目　　录

第一章　经济法概述

一、填空题

1. 经济法是调整国民经济运行过程中发生的____________的法律规范的总称。

2. 经济法有国家意志性、________、________、指导性、综合性等特征。

3. 把经济制度及经济活动的内容和要求直接规定为法律，主要运用具有经济内容的奖惩手段是经济法的______________。

4. 经济法主体享有的权利和应承担的义务共同指向的对象是________________。

5. __________是联结经济法律构成要素的纽带，也是变更和解除经济法律关系的必要依据。

二、单项选择题

1. 经济法是（　　）的必然产物。

A. 计划经济　　B. 市场经济　　C. 自然经济　　D. 混合经济

2. 下列选项中，能够成为经济法律关系主体的是（　　）。

A. 向同学借钱的甲　　B. 向父母借钱的乙

C. 向老师借钱的丙　　D. 向银行借钱的丁

3. 甲、乙公司签订购销合同，乙公司向甲公司购买 5 台机器设备，总价款为 80 万元，该买卖合同法律关系的主体是（　　）。

A. 甲公司和乙公司　　B. 购销合同

C. 80 万元　　D. 5 台机器设备

4. 在我国法律体系中，地位最高、效力最大的是（　　）。

A. 国际条约或协定　　B. 宪法

C. 法律　　D. 法规

5. 经济法律关系的核心是（　　）。

A. 经济权力　　B. 人身权　　C. 财产权　　D. 经济权利

6. 经济法律关系中的权利人是（　　）。

A. 国家机关　　B. 不确定的

C. 当事人双方　　D. 当事人某一方

7．下列选项中，不属于法人的是（　　）。

A．某有限责任公司　　B．某合伙企业

C．某医院　　D．某消费者协会

8．法律事实中最为普遍的是（　　）。

A．当事人的行为　　B．国家的行为

C．战乱　　D．狂风暴雨

三、多项选择题

1．经济法调整下列社会关系中的（　　）。

A．甲借乙 500 元钱不还　　B．乙无故被老板辞退

C．乙在商场购买到劣质商品　　D．乙的汽车被丙撞坏

2．王某向银行借钱，其有权（　　）。

A．向银行咨询贷款利率

B．向银行提供担保

C．按期还款

D．在合同议定范围内自主使用该款项

3．王某向银行借钱后未按期返还，下列选项中，可作为其免责事由的有（　　）。

A．王某不慎丢失钱款　　B．钱款被朋友借走

C．王某企业经营受到地震影响　　D．地震中银行遭到毁坏

4．王某是具有完全民事行为能力的人，下列选项中，（　　）属于其在法定范围内具有的经济权利。

A．做某种行为　　B．不做某种行为

C．要求其他人做或不做某种行为　　D．请求司法保护

5．某企业在经营活动中（　　）。

A．有权利无义务　　B．无权利有义务

C．有权利有义务　　D．权利义务对等

6．某校某班不是法人，是因为该班（　　）。

A．没有独立财产　　B．学生年龄太小

C．不能独立承担民事责任　　D．不从事经营活动

7．甲、乙、丙等 7 人想创办一家公司，下列选项中，（　　）是必备条件。

A．到市场监管部门核准登记　　B．有固定的经营场所

C．有一名硕士或博士毕业生　　D．筹集到经营所需资金

8．公司员工赵某在享受休息、获得报酬的同时，应尽的义务有（　　）。

A．努力认真工作　　B．遵守公司纪律

C．不损害公司利益　　D．若违规违约应接受处罚

四、判断题

1．经济基础决定和制约经济法律的内容及其变动。（　　）

2．各级人大及其常委会制定的法律法规，其地位和效力相同。（　　）

3．权利和义务是互相依存的。（　　）

4．只有权利没有义务的法律关系是不存在的。（　　）

5．市场经营活动主体的经济权利主要是经济管理权。（　　）

6．有独立的财产即可成为法人。（　　）

7．经济权利是法律赋予主体的一种资格。（　　）

8．完善的法制是市场经济的必备条件。（　　）

9．随着市场经济的不断发展，会不断有新的法律法规产生。（　　）

10．经济法调整经济关系时，把企业的利益放在首位。（　　）

五、简答题

1．我国的经济法律体系由哪些部分组成？

2．经济法调整的对象有哪些？

3．经济法律关系有哪些特征？

4．经济法律关系由哪些要素构成？

5. 法律事实有哪些种类及作用？

六、案例题

1. 分析确定三要素

张永为其经营的企业投了企业财产保险。在保险期内，张永为了周转资金，经保险公司同意继续承保后，将其企业转让给了王明清。

问题：

该案例中的主体、客体、内容三要素分别是什么？

2. 没有给加班费该如何解决？

赵某于 2024 年 1 月 1 日受聘于某公司从事行政前台工作。同年 3 月 30 日，双方签订合同书 1 份。该合同书明确了赵某的工作岗位、劳动报酬和社会保险等内容，但未约定劳动合同终止期限。之后该公司为赵某办理了医疗保险，支付了基本工资。2024 年 8 月双方解除合同关系，但该公司没有按合同书的约定向赵某兑现奖金和节假日加班的劳动报酬。赵某与该公司相关部门协商后仍然没有拿到这部分报酬。

问题：

（1）赵某可向哪个部门反映上述情况以求获得报酬？

（2）赵某能否直接到人民法院起诉？

（3）赵某要想获得支持，应该注意什么问题？

第二章　企业法律制度

一、填空题

1. 企业是指依法设立的，以________为目的的，从事生产经营活动的，独立核算的经济组织。

2. 个人独资企业是指在中国境内依法设立的，由__________投资，财产为投资人个人所有，投资人以其个人财产对企业债务承担______责任的经营实体。

3. 个人独资企业营业执照的____________________为个人独资企业成立日期。

4. 个人独资企业存续期间登记事项发生变更的，应当在作出变更决定之日起_____日内依法向登记机关申请办理变更登记。

5. 投资人违反个人独资企业法规定，应当承担民事赔偿责任并缴纳罚款、罚金，其财产不足以支付的，或者被判处没收财产的，应先承担_______________。

6. 合伙企业分为_______________和______________。

7. 普通合伙人对企业债务承担_______________，有限合伙人对合伙企业的债务以其认缴的出资额为限承担有限责任。

8. 合伙人可以用货币、_______、知识产权、土地使用权或者其他财产权利出资，也可以用_______出资。

9. 国有独资企业、国有企业、_________以及公益性的事业单位、社会团体不得成为普通合伙人。

10. 有限合伙企业仅剩普通合伙人的，应转为__________；有限合伙企业仅剩有限合伙人的，应当______。

二、单项选择题

1. 根据《中华人民共和国个人独资企业法》的规定，下列关于个人独资企业法律特征的表述，正确的是（　　）。

A. 个人独资企业具有独立承担民事责任的能力

B. 个人独资企业不能以自己的名义从事民事活动

C. 个人独资企业具有法人资格

D. 个人独资企业的投资人对企业债务承担无限责任

2. 下列中国公民中，可以作为投资人申请设立个人独资企业的是（　　）。

A. 在校大学生　　B. 国家公务员

C. 警官　　D. 商业银行工作人员

3. 根据《中华人民共和国个人独资企业法》的规定，下列关于个人独资企业设立条件的表述，正确的是（　　）。

A. 投资人只能是中国公民

B. 投资人可以用货币、实物、劳务出资

C. 必须有符合规定的最低注册资本

D. 必须有企业章程

4. 甲投资设立乙个人独资企业，委托丙管理企业事务，授权丙可以决定 10 万元以下的交易。丙以乙企业的名义向丁购买 15 万元的商品。丁不知甲对丙的授权限制，依约供货。乙企业未按期付款，由此发生争议。下列表述中，符合法律规定的是（　　）。

A. 乙企业向丁购买商品的行为有效

B. 乙企业向丁购买商品的行为无效

C. 甲向丁出示给丙的授权委托书后，可不履行付款义务

D. 甲向丁出示给丙的授权委托书后，付款 10 万元，其余款项丁只能要求丙支付

5. 某个人独资企业由王某以个人财产出资设立。该企业因经营不善被解散，其财产不足以清偿所欠债务。对尚未清偿的债务，下列处理方式中，符合规定的是（　　）。

A. 不再清偿

B. 以王某的其他财产予以清偿，仍不足清偿的，则不再清偿

C. 以王某的家庭共有财产予以清偿，仍不足清偿的，则不再清偿

D. 债权人在企业解散后 5 年内未提出偿债请求的，王某不再承担清偿责任

6. 有关合伙企业的设立条件，下列表述正确的是（　　）。

A. 合伙人只能是自然人　　B. 可以通过口头形式订立合伙协议

C. 合伙人不能以劳务出资　　D. 合伙人应具有完全民事行为能力

7. 甲、乙、丙共同出资设立 A 合伙企业，之后甲欲将其财产份额分别转让给合伙人乙和非合伙人丁。已知合伙协议对合伙人财产份额转让未作约定，下列表述正确的是（　　）。

A. 甲向乙转让财产份额需要经过丙同意

B. 甲向丁转让财产份额需要通知乙、丙

C. 丙对甲向乙转让的财产份额具有优先购买权

D. 丙对甲向丁转让的财产份额具有优先购买权

8. 除合伙协议另有约定外，普通合伙企业存续期间，（　　）不必经全体合伙人一致同意。

A．合伙人之间转让其在合伙企业中的财产份额

B．以合伙企业名义为他人提供担保

C．聘任合伙人以外的人担任合伙企业的经营管理人员

D．处分合伙企业的不动产

9．如合伙协议对合伙企业的利润分配未作约定且合伙人协商不成，则下列选项中正确的是（　　）。

A．应当由全体合伙人平均分配利润

B．应当由全体合伙人按实缴出资比例分配利润

C．应当由全体合伙人按合伙协议约定的出资比例分配利润

D．应当按合伙人的贡献决定如何分配利润

10．下列情形中，属于合伙企业合伙人当然退伙的是（　　）。

A．合伙人未履行出资义务

B．合伙人因重大过失给合伙企业造成损失

C．合伙人在执行合伙事务时有不正当行为

D．合伙人在合伙企业的全部财产份额被人民法院强制执行

11．对于合伙企业的有限合伙人，在合伙协议未作特别约定的情况下，下列行为符合规定的是（　　）。

A．可执行本有限合伙企业的合伙事务

B．可同本有限合伙企业进行交易

C．不得自营与本有限合伙企业相竞争的业务

D．向合伙人以外的人转让本企业财产份额的，须经其他合伙人一致同意

12．关于新入伙的有限合伙人对入伙前合伙企业的债务责任承担，下列表述正确的是（　　）。

A．不承担责任　　B．以实缴的出资额为限承担责任

C．以认缴的出资额为限承担责任　　D．以取回的财产为限承担责任

三、多项选择题

1．根据《中华人民共和国个人独资企业法》的规定，下列选项中，可以用作个人独资企业名称的有（　　）。

A．文华纺织品有限公司　　B．新一代化妆品经销公司

C．翠花服装设计中心　　D．星光儿童摄影工作室

2．王某在A市出资设立一家健身房，为扩大规模又在B市设立一家分店，根据《中华人民共和国个人独资企业法》的规定，以下说法正确的有（　　）。

A．王某应在 A 市的登记机关申请分店的登记，并报 B 市登记机关备案

B．王某应在 B 市的登记机关申请分店的登记，并报 A 市登记机关备案

C．B 市分店具有相应的民事权利能力，其民事责任自负

D．B 市分店不具有相应的民事权利能力，其民事责任由 A 市健身房承担

3．个人独资企业聘用的经营管理人员，未经投资人同意，不得从事的行为有（　　）。

A．从事与本企业相竞争的业务　　B．同本企业订立合同或者进行交易

C．将企业专利权转让给他人使用　　D．在授权范围内与他人签订合同

4．根据《中华人民共和国个人独资企业法》的规定，下列选项中，属于个人独资企业应当解散的情形有（　　）。

A．投资人死亡，继承人决定继承企业　　B．投资人决定解散

C．投资人被宣告死亡，无继承人　　D．被依法吊销营业执照

5．赵某、钱某和甲上市公司拟成立一家合伙企业，下列说法正确的有（　　）。

A．他们只能申请成立有限合伙企业

B．该合伙企业最多可以有 50 个合伙人

C．赵某若选择成为有限合伙人则可以用劳务出资

D．赵某、钱某至少有一人为普通合伙人

6．根据《中华人民共和国合伙企业法》的规定，在合伙企业存续期间，下列行为中，必须经全体合伙人一致同意的有（　　）。

A．以合伙企业的名义为他人提供担保

B．合伙人向合伙人以外的人转让其在合伙企业中的财产份额

C．转让合伙企业的知识产权

D．聘任合伙人以外的人担任合伙企业的经营管理人员

7．甲、乙、丙为某合伙企业的合伙人。该合伙企业向丁借款 12 万元，甲、乙、丙约定，如果合伙企业到期无力偿还该借款，甲、乙、丙各自负责偿还 4 万元。借款到期时，该合伙企业没有财产向丁清偿。下列关于该债务清偿的表述中，正确的有（　　）。

A．丁有权直接向甲要求偿还 12 万元

B．只有在甲、乙确实无力清偿的情况下，丁才有权要求丙偿还 12 万元

C．乙仅负有向丁偿还 4 万元的义务

D．丁可以根据各合伙人的实际财产情况，要求甲偿还 7 万元，乙偿还 4 万元，丙偿还 1 万元

8．甲合伙企业的合伙人李某因个人原因向王某借款 30 万元，其自有财产不足以清偿该债务。同时，王某尚欠甲企业 30 万元货款。下列有关偿还上述借款的方式中，正确的有（　　）。

A. 李某可以用其从甲企业分得的收益偿还欠王某的借款

B. 王某可以用其对李某的债权抵销其欠甲企业的货款

C. 王某可代为行使李某在甲企业的权利

D. 王某可请求人民法院强制执行李某在甲企业的财产份额用于偿还借款

9. 若合伙人被依法认定为无民事行为能力人，下列表述正确的有（　　）。

A. 经其他合伙人一致同意，可依法转为有限合伙人

B. 其他合伙人未能一致同意，应当退伙

C. 其他合伙人不能要求其退伙

D. 该合伙企业应当依法解散

10. 下列选项中，属于合伙企业应当解散的情形有（　　）。

A. 合伙协议约定的解散事由出现

B. 合伙企业被责令停业整顿

C. 全体合伙人决定解散

D. 合伙人已不具备法定人数满 30 天

11. 赵、钱、孙、李共同投资设立了一个有限合伙企业，其中赵、钱为普通合伙人，孙、李为有限合伙人。后因该合伙企业长期拖欠供货商货款，企业资产不足以清偿到期债务。依照我国相关法律的规定，下列说法正确的有（　　）。

A. 债权人可以根据企业破产法申请该合伙企业破产

B. 债权人可以要求任一合伙人清偿全部债务

C. 债权人可以要求孙、李清偿全部债务

D. 如果该合伙企业被宣告破产，则赵、钱仍需承担无限连带责任

12. 下列有关合伙企业清算人确定的表述中，错误的有（　　）。

A. 自合伙企业解散事由出现之日起 15 日内未确定清算人的，合伙人可以申请人民法院指定清算人

B. 清算人由全体合伙人担任

C. 指定某个合伙人担任清算人必须经全体合伙人一致同意

D. 合伙企业不能委托第三人担任清算人

四、判断题

1. 申请设立个人独资企业，应由投资人或者其委托的代理人向个人独资企业所在地的登记机关提出设立申请。（　　）

2. 个人独资企业成立时需缴足法定最低注册资本。（　　）

3. 个人独资企业解散的，财产应当先清偿所欠税款，再清偿所欠职工工资和社会保险

费用，最后清偿其他债务。 （ ）

4. 个人独资企业解散后，由投资人自行清算或者由债权人申请人民法院指定清算人清算。 （ ）

5. 委托一个或者数个合伙人执行合伙事务的，其他合伙人不再执行合伙事务。（ ）

6. 合伙企业的新合伙人对入伙前该企业的债务不承担责任。 （ ）

7. 甲、乙、丙出资设立的天华会计师事务所为一家特殊的普通合伙企业。在某次审计中，甲、乙因出具虚假审计报告造成会计师事务所负债80万元。对该笔债务，甲、乙应该承担无限连带责任，丙应该以其在会计师事务所中的财产份额为限承担责任。 （ ）

8. 合伙人死亡或者被依法宣告死亡的，其合法继承人从继承开始之日起取得该合伙企业的合伙人资格。 （ ）

9. 有限合伙人可以用货币、实物、知识产权、土地使用权或者其他财产权利作价出资，但不得以劳务出资。 （ ）

10. 合伙企业存续期间，合伙人可以随时请求分割合伙企业的财产。 （ ）

五、简答题

1. 个人独资企业的设立条件有哪些？

2. 根据《中华人民共和国个人独资企业法》的规定，个人独资企业应当解散的情形有哪些？

3. 合伙企业的种类及其主要区别有哪些？

4. 合伙企业的设立条件有哪些？

5. 合伙人在合伙企业中有哪些权利?

6. 合伙企业的盈利和亏损应如何分配?

六、案例题

1. 个人独资企业事务管理和解散清算

光影摄影工作室是赵某投资设立的一家个人独资企业，聘请李某管理企业事务，营业执照签发日期为2023年2月1日。经授权，李某可以对外签订标的额不超过2万元的合同。当年3月10日，李某擅自以该企业名义向善意第三人刘某购入价值10万元的设备。后因经营不善，赵某于10月6日决定自行解散企业，上述设备款一直未能支付。经清算，该企业现有财产5万元，除欠刘某的债务外，尚拖欠员工工资2万元，欠缴税款0.5万元。2025年3月，另一供应商周某找到赵某，要求其偿还工作室前欠货款5万元。对此，赵某以企业解散为由拒绝偿还。

问题：

（1）该企业何时可以开始以个人独资企业名义从事经营活动?

（2）李某于3月10日以该企业名义向刘某购入价值10万元设备的行为是否有效？为什么?

（3）根据该企业清算时的财务状况，其财产清偿顺序应如何安排?

（4）赵某能否以企业解散为由拒绝偿还工作室欠周某的债务？为什么?

2. 合伙人对合伙企业债务承担的责任

2018年3月，甲、乙、丙三人创办了合伙企业。甲出资5万元，乙出资3万元，丙以劳务出资。合伙协议约定三人共同管理企业。2021年5月，甲欲把自己的一部分财产份额转让给丁，乙同意，丙不同意并提出退伙。甲、乙同意丙退伙，丁入伙。此时，该合伙企业欠华阳公司货款5万元未还。2021年10月，甲私自以合伙企业名义为江河公司6万元贷款提供担保。2023年8月，由于经营不善，该合伙企业宣告解散，企业有负债7万元无法清偿。

问题：

（1）丁认为欠华阳公司的5万元是自己入伙前发生的，自己不应该承担责任，丁的看法对吗？

（2）丙认为自己已于2021年5月退伙，合伙企业的债务与自己无关，丙的看法对吗？

（3）如果江河公司没有按期偿还银行贷款，银行是否可以要求该合伙企业承担责任？

（4）其他合伙人是否可以将私自以公司名义为他人提供担保的甲从合伙企业除名？

（5）在合伙企业清算后，华阳公司、贷款银行和该合伙企业的债权人认为乙个人资金雄厚，要求其将相关债务全部清偿，这些债权人的要求是否可以得到支持？为什么？

第三章　公司法律制度

一、填空题

1. 有限责任公司是依照公司法设立，股东以其________为限对公司承担责任，公司以其全部资产对公司债务承担责任的企业法人。

2. 有限责任公司由________个以下股东出资设立。

3. 设立股份有限公司，应当有________人以上________人以下的发起人，其中须有________以上的发起人在中国境内有住所。

4. 临时股东大会召开________日前，应当通知各股东。

5. 董事会是股份有限公司股东大会的执行机构，对________负责。

二、单项选择题

1. 2024 年 6 月，甲、乙、丙共同出资设立了 A 有限责任公司。2024 年 12 月，丙与丁达成协议，将其在 A 公司的股权全部转让给丁，甲、乙均不同意。下列解决方案中，不符合《中华人民共和国公司法》规定的是（　　）。

A. 由甲或乙购买丙的股权

B. 由甲和乙共同购买丙的股权

C. 如果甲、乙均不愿购买，丙无权将股权转让给丁

D. 如果甲、乙均不愿购买，丙有权将股权转让给丁

2. 有限责任公司分立、合并、解散或者变更公司形式的决议，必须经（　　）。

A. 股东会的一致同意　　B. 股东会的过半数同意

C. 代表 2/3 以上股权的股东通过　　D. 代表 2/3 以上表决权的股东通过

3. 根据《中华人民共和国公司法》的规定，下列关于一人有限责任公司特别规定的说法中，不正确的是（　　）。

A. 一个自然人只能投资设立一个一人有限责任公司

B. 一人有限责任公司应当在公司登记中注明自然人独资或者法人独资，并在公司营业执照中载明

C. 一人有限责任公司必须设股东会

D. 一人有限责任公司应当在每一会计年度终了时编制财务会计报告

4. 根据《中华人民共和国公司法》的规定，下列关于股份有限公司的设立条件，说法不正确的是（　　）。

A. 发起人既可以是自然人，也可以是法人

B. 发起人既可以用货币出资，也可以用实物、知识产权、土地使用权等出资

C. 发起人不可以是外国公民

D. 设立股份有限公司必须依法制定章程

5. 存在下列情形中的（　　）时，应当召开临时股东大会。

A. 董事人数不足《中华人民共和国公司法》规定人数或者公司章程所定人数的2/3

B. 公司未弥补的亏损达实收股本总额 2/3

C. 单独或者合计持有其他公司 10% 以上股份

D. 总经理认为必要

6. 下列有关股份有限公司股票发行的表述中，不符合《中华人民共和国公司法》规定的是（　　）。

A. 股票发行必须同股同价

B. 股票发行价格可以低于票面金额

C. 公司的股票既可以为记名股票，也可以为无记名股票

D. 公司向社会公开募集股份时，应依法公开披露股份发行的信息

7. 下列关于公司董事、高级管理人员的行为中，法律不禁止的是（　　）。

A. 挪用公司资金

B. 将公司资金以其个人名义或者其他个人名义开立账户存储

C. 按照公司章程的规定，或者经股东会、股东大会或董事会同意，将公司资金借贷给他人或者以公司财产为他人提供担保

D. 擅自披露公司秘密

8. 根据《中华人民共和国公司法》的规定，下列选项中，不属于有限责任公司监事会职权的是（　　）。

A. 检查公司财务

B. 解聘公司财务负责人

C. 提议召开临时股东会会议

D. 建议罢免违反公司章程的经理

三、多项选择题

1.《中华人民共和国公司法》规范和调整的公司包括（　　）。

A．有限责任公司　　B．无限责任公司

C．两合公司　　D．股份有限公司

2．下列关于子公司法人资格和民事责任承担的表述中，不符合公司法律制度规定的有（　　）。

A．子公司不具有法人资格，其民事责任由母公司承担

B．子公司不具有法人资格，其财产不足以清偿的民事责任由母公司承担

C．子公司具有法人资格，独立承担民事责任

D．子公司不具有法人资格，应与母公司共同承担民事责任

3．有限责任公司股东的出资方式有（　　）。

A．以货币出资　　B．以实物出资

C．以工业产权出资　　D．以土地使用权出资

4．下列选项中，不得兼任监事的有（　　）。

A．董事　　B．技术负责人　　C．经理　　D．财务负责人

5．下列选项中，不属于有限责任公司监事会职权的有（　　）。

A．检查公司财务

B．对董事、高级管理人员执行公司职务的行为进行监督

C．执行股东会的决议

D．召集股东会会议

6．下列关于有限责任公司董事会的说法，正确的有（　　）。

A．有限责任公司董事会的成员为 3 ~ 13 人

B．董事会设董事长 1 人

C．董事会决议的表决实行一人一票

D．董事会有权制定公司的基本管理制度

7．下列选项中，属于股份有限公司章程应当载明的有（　　）。

A．公司名称和住所　　B．公司经营范围

C．公司设立方式　　D．公司法定代表人

8．下列有关经理职权的表述中，符合《中华人民共和国公司法》相关规定的有（　　）。

A．主持公司的生产经营管理工作，组织实施董事会决议

B．组织实施公司年度经营计划和投资方案

C．拟订公司内部管理机构设置方案

D．检查公司财务

9．根据《中华人民共和国公司法》相关规定，下列关于公司清算的说法，正确的有

（　　）。

A．解散的公司，应当在解散事由出现之日起 15 日内成立清算组，开始清算

B．清算组应当自成立起 10 日内通知债权人，并于 60 日内在报纸上公告

C．清算组应当对公司财产进行清理，编制资产负债表和财产清单，制定清算方案

D．清算方案应当报股东会、股东大会或者人民法院确认

四、判断题

1．公司章程仅对公司和股东具有约束力，董事、监事、高级管理人员不受其约束。（　　）

2．公司具有法人资格。（　　）

3．股东可出席股东大会，每一个股东享有一票表决权。（　　）

4．股东大会对公司合并、分立、解散或修改公司章程作出决议，必须经出席会议的股东所持表决权的 1/3 以上通过。（　　）

5．股东向股东以外的人转让股权，应当经其他股东过半数同意。（　　）

6．一人有限责任公司应设股东会。（　　）

7．股份有限公司的发起人既可以是自然人，也可以是法人。（　　）

8．公司不依照《中华人民共和国公司法》规定提取法定公积金的，由县级以上人民政府财政部门责令其如数补足应当提取的金额，并可以对公司处以 20 万元以下的罚款。（　　）

9．公司向股东和社会公众提供虚假的或者隐瞒重要事实的财务会计报告的，应对直接负责的主管人员和其他直接责任人员处以 3 万元以上 20 万元以下的罚款。（　　）

10．股份有限公司应设经理一职，由股东大会决定聘任或者解聘。（　　）

五、简答题

1．公司的概念及特征是什么？

2．有限责任公司设立的条件有哪些？

3. 股份有限公司设立的条件有哪些？

4. 公司解散的原因有哪些？

5. 董事、监事、经理等违反《中华人民共和国公司法》的法律责任有哪些？

六、案例题

1. 股东会的职责

甲、乙、丙、丁四人拟共同出资设立某科技股份公司。其中，甲出资 10 万元，乙出资 20 万元，丙出资 20 万元，丁出资 50 万元。在设立公司的过程中，四人提出了下列看法：甲认为因公司股东人数较少，为降低运行成本，可以不设股东大会；乙认为公司应设股东大会，如设股东大会，自己有权提议召开临时股东会会议；丙认为股东大会应当每年召开一次年会；丁认为股东大会就是一个摆设，即使设置股东大会，也不用开会，一切决策由董事长看着办。

问题：

他们四人的看法正确吗？为什么？

2. 董事会与股东会职责的区别

某有限责任公司是一家物流企业，注册资本为100万元。为了扩大经营，提高决策效率，经董事会决定，将实施如下方案：（1）公司章程经董事会全体成员同意可以修改；（2）进军公司之前未涉足的房地产领域；（3）为了彰显公司实力、谋求公司上市，决定变更公司形式为股份有限责任公司；（4）制定增加公司注册资本至1 000万元的方案，供股东会审议。

问题：

该公司董事会决定的上述方案是否合法？为什么？

第四章　合同法律制度

一、填空题

1. 按照法律、法规或者当事人约定是否要求合同具备特定形式和手续为标准，合同分为________合同与________合同。

2. ________是希望与他人订立合同的意思表示。

3. ________是希望他人向自己发出要约的表示。

4. 根据合同的效力不同，可将合同分为有效合同、________、________、效力待定合同四种类型。

5. 我国民法典合同编规定了________抗辩权、________抗辩权和不安抗辩权三种情形。

6. ________，是指当事人互负债务，有先后履行顺序，先履行的一方有确切证据证明另一方丧失履行债务能力时，在对方没有履行或者没有提供担保之前，有拒绝自己履行的权利。

7. 合同的保全措施主要包括________和撤销权两个方面。

8. 承担违约责任的主要形式有__________、____________、赔偿损失、支付违约金和定金惩罚。

二、单项选择题

1. 甲乙签订一份价值 30 万元的销售合同，约定甲须支付 6 万元定金，但乙收取定金后违约，没有履行合同。根据我国合同法律制度，乙应当返还给甲（　　）万元。

A. 22　　B. 20

C. 16　　D. 12

2. 以下协议中，属于我国合同法律制度调整范围的是（　　）。

A. 离婚协议　　B. 收养子女协议

C. 人身保险协议　　D. 转移监护权协议

3. 一般说来，合同成立的时间是（　　）的时间。

A. 要约生效　　B. 发出承诺通知

C. 承诺生效　　D. 公证

4. 甲公司与乙公司签订了购买 10 辆汽车的合同。就在乙公司将汽车交付甲公司时，市场监管部门查出该汽车是走私物品并将其予以查封。根据我国民法典关于合同效力的规定，该买卖汽车合同属于（　　）合同。

A. 有效　　B. 无效
C. 效力待定　　D. 可撤销

5. 撤销权应当自债权人知道或者应当知道撤销事由之日起（　　）内行使。

A. 一个月　　B. 三个月
C. 一年　　D. 五年

6. 张某误以为李某的花瓶是文物（实际仅是普通花瓶）而与李某订立了高价买卖此花瓶的协议，该协议属于（　　）合同。

A. 无效　　B. 效力待定
C. 有效　　D. 可撤销

7. 下列选项中，属于要约的是（　　）。

A. 甲公司发出的招标公告
B. 乙超市向客户寄送的商品明细及价目表
C. 丙拍卖行张贴的拍卖公告
D. 丁公司发布广告称，“我公司现有某型号计算机，单价 5 000 元，计算机现货供应，数量充足，随到随购”

8. 下列选项中，不属于无效合同的是（　　）。

A. 重大误解的合同　　B. 无民事行为能力人订立的合同
C. 违背公序良俗的合同　　D. 以虚假的意思表示订立的合同

9. 下列选项中，不属于民法典中抗辩权的是（　　）。

A. 同时履行抗辩权　　B. 后履行抗辩权
C. 先履行抗辩权　　D. 不安抗辩权

10. 甲公司与乙公司签订买卖合同，约定甲公司 5 月 10 日向乙公司支付货款，乙公司收到货款后 10 天内发货。后来乙公司经营状况严重恶化，甲公司拟行使不安抗辩权。对此，下列表述中不正确的是（　　）。

A. 甲公司要行使不安抗辩权，必须有确切证据证明乙公司经营状况严重恶化
B. 乙公司提供相应担保的，甲公司应当恢复合同的履行
C. 甲公司可以通过行使不安抗辩权直接解除合同
D. 甲公司行使不安抗辩权而中止履行的，应当及时通知乙公司

三、多项选择题

1. 乙公司向甲公司发出要约，下列情形中，该要约不能撤销的有（　　）。

A. 尽管乙公司在要约中未确定承诺期限，但甲公司接到要约后即已为履行合同做了准备工作

B. 乙公司在要约中确定了承诺期限

C. 乙公司在要约中明确表示等待甲公司的答复

D. 甲公司发出承诺以后才收到乙公司撤销要约的通知

2. 下列情形中，当事人可以解除合同的有（　　）。

A. 因不可抗力致使不能实现合同目的

B. 在履行期限届满前，当事人一方明确表示或者以自己的行为表明不履行主要债务

C. 当事人一方迟延履行主要债务，经催告后在合理期限内仍未履行

D. 当事人一方迟延履行债务或者有其他违约行为致使不能实现合同目的

3. 下列选项中，属于要约邀请的有（　　）。

A. 寄送的价目表　　B. 招股说明书

C. 拍卖公告　　D. 招标公告

4. 下列关于承担违约责任的说法，正确的有（　　）。

A. 继续履行可以用支付违约金和赔偿金的方法代替履行

B. 补救措施包括重作、修理、更换、退货等

C. 在同一合同中，当事人既约定违约金，又约定定金的，一方违约时，对方可以选择适用违约金或者定金条款

D. 定金既可以作为担保方式，又可以作为一种民事责任方式

5. 下列情形中，允许当事人解除合同的有（　　）。

A. 甲、乙双方经协商同意，并且不因此损害国家利益和社会公共利益

B. 甲迟延履行主要债务，经乙催告后在合理期限内仍未履行

C. 由于不可抗力致使甲、乙双方合同的全部义务不能履行

D. 乙有违约行为致使甲、乙双方不能实现合同目的

6. 关于合同的解除，下列表述正确的有（　　）。

A. 当事人一方依法主张解除合同的，应当通知对方，合同自通知到达对方时解除

B. 一方通知对方解除合同，对方有异议的，只有异议一方可以请求人民法院或者仲裁机构确认解除行为的效力

C. 当事人一方直接以提起诉讼方式解除合同，人民法院确认主张的，合同自起诉状副本送达对方时解除

D. 主合同解除后，担保人对债务人应当承担的民事责任仍应当承担担保责任，但是担保合同另有约定的除外

7. 下列关于合同权利转让的表述，正确的有（　　）。

A. 当事人约定非金钱债权不得转让的，不得对抗善意第三人

B. 当事人约定金钱债权不得转让的，不得对抗第三人

C. 债权转让无须通知债务人

D. 债权人转让的通知不得撤销，但经受让人同意的除外

8. 甲向乙支付 10 万元购买轿车一辆，此合同属于（　　）。

A. 双务合同　　B. 有偿合同

C. 诺成性合同　　D. 无名合同

9. 甲于 2025 年 5 月 10 日因情况紧急而与乙签订一买卖合同，合同内容对甲显失公平。根据法律规定，下列说法正确的有（　　）。

A. 该合同属于可撤销合同

B. 该合同无效，甲乙双方应各自返还财物

C. 该合同属于效力待定合同

D. 如甲在 2025 年 5 月 10 日后才申请撤销该合同，则人民法院不予支持

10. 下列关于定金的说法，正确的有（　　）。

A. 定金担保合同的履行

B. 定金是违约责任的一种

C. 定金不得超过主合同标的的 20%

D. 收受定金的一方不履行约定债务的，应当双倍返还定金

四、判断题

1. 劳动合同属于民法典合同编的调整范围。（　　）

2. 合同履行方式不明确的，按照有利于实现合同目的的方式履行。（　　）

3. 承诺通知自到达要约人时生效。（　　）

4. 格式条款与非格式条款不一致的，应当采用格式条款。（　　）

5. 当事人采用信件、数据电文等形式订立合同的，在签订确认书时合同成立。（　　）

6. 因不可抗力不能履行合同的，根据不可抗力的影响，可以部分或者全部免除责任。但如果当事人延迟履行后发生不可抗力，不能免除其违约责任。（　　）

7. 甲乙双方订立房屋买卖合同一份，未规定履行地点，法律规定在不动产所在地履行。（　　）

8. 行为人没有代理权、超越代理权或者代理权终止后以被代理人名义订立合同，以上代理行为均无效。（　　）

9. 合同履行地点不明确，给付货币的，在给付货币一方所在地履行。（　　）

10. 违约方支付违约金以后，其履行合同债务的责任当然免除。（　　）

五、简答题

1. 简述我国民法典合同编的基本原则。

2. 合同内容应包括哪些主要条款?

3. 简述要约和承诺的概念及有效要件。

4. 有效合同应具备哪些条件?

5. 哪几类合同属于无效合同?

6. 合同抗辩权的行使有哪几种情形?它们的成立要件分别是什么?

六、案例题

1. 限制民事行为人的民事行为是否有效

甲 12 岁，某日独自去商城购买文具。正赶上该商城促销，凡是购买价值 15 元以上的商品均可以得到刮刮奖券一张，最高奖为价值 4 000 元的智能高清电视机一台。甲购买了一套文具，价格为 30 元，获得两张刮刮奖券，其中一张中了最高奖。甲去领取奖品的时候，商城的工作人员对甲说："商城可以用 3 000 元的价格买下你的奖品。"于是甲选择了 3 000 元现金。甲的父母得知后，起诉要求商城返还电视机。商城提起反诉，要求确认甲的中奖行为无效，因为甲是限制行为能力人。

问题：

（1）甲的中奖行为是否有效？为什么？

（2）甲的父母是否有权要求商城返还电视机？为什么？

2. 买卖合同是否可撤销

某山区农民赵某家中有一个清朝花瓶，系赵某的祖父留下，但赵某不知该花瓶真实价值。李某通过他人得知赵某家的花瓶，遂上门索购，最后用 1.5 万元买下。随后，李某将该花瓶送至某拍卖行进行拍卖，卖得价款 11 万元。赵某在一个月后得知此事，认为李某欺骗了自己，找到李某要求他退回花瓶。李某认为买卖花瓶是双方自愿的，不存在欺骗，拒绝赵某的请求。随后，赵某到李某所在地人民法院提起诉讼，请求撤销合同，并请求李某返还该花瓶。

问题：

（1）赵某的诉讼请求有无法律依据？为什么？

（2）人民法院应如何处理？

3．违约责任

甲与乙订立了一份苹果购销合同，约定：甲向乙交付 20 万千克苹果，货款为 40 万元，乙向甲付定金 4 万元；如任何一方不履行合同，应支付违约金 6 万元。后来，甲因将苹果卖给丙而无法向乙交付苹果。

问题：

假如你是乙，如何既最大限度地保护自己的利益，又获得人民法院支持？

4．代位权的行使

乙厂欠甲公司 10 万元货款，丙单位欠乙厂 8 万元货款，两笔欠款均已到期。乙厂无力偿还欠甲公司的货款，又不向丙单位讨还欠款。此时，甲公司向人民法院申请代位乙厂向丙单位讨还欠款。

问题：

甲公司可以向丙单位讨还欠款吗？为什么？

第五章　市场管理法

一、填空题

1.《中华人民共和国产品质量法》调整对象所指向的产品，是指经过加工、________、用于________的产品。

2. 因产品存在缺陷造成损害要求赔偿的诉讼时效期间为__________，自当事人知道或者应当知道其权益受到损害时起计算。

3. 抽奖式的有奖销售，最高奖的金额超过__________即属于不正当竞争。

4. 经营者有承担“三包”的责任，即包修、________和________。

5. 经营者采用网络、电视、电话、邮购等方式销售商品，除法律规定不适用的，消费者有权自收到商品之日起________日内退货，且无须说明理由。

二、单项选择题

1. 下列选项中，可以不附加产品标识的是（　　）。

A. 瓶装白酒　　B. 罐装饮料　　C. 散装月饼　　D. 皮鞋

2. 甲欲买“营养快线”牌的饮料，临上火车前误购了外包装与之十分近似的名为“营养快线”的饮料，遂向“营养快线”公司投诉。“营养快线”公司发现，“营养快线”饮料的价格仅为“营养快线”的1/3。如果“营养快线”起诉“营养快线”，其纠纷的性质是（　　）。

A. 诋毁商誉的侵权纠纷　　B. 低价倾销的不正当竞争纠纷

C. 混淆行为的不正当竞争纠纷　　D. 企业名称侵权纠纷

3. 某商场在“五一”黄金周期间挂出一条“五一假期在本商场购买商品达500元者，本商场送一特大礼物”的横幅，结果特大礼物是一只大气球。对此，消费者向市场监管部门投诉。依照《中华人民共和国反不正当竞争法》的规定，该商场的这一行为（　　）。

A. 是引人误解的商业宣传，构成不正当竞争

B. 是违反商业道德的宣传，不违法

C. 只是构成消费欺诈，不构成不正当竞争

D. 只是一般的欺诈行为，不构成不正当竞争

4. 消费者为（　　）消费需要购买、使用商品或接受服务，其权益受《中华人民共和国消费者权益保护法》保护。

A. 生产　　B. 生活　　C. 生产和生活　　D. 个人

5. 在消费者与经营者的商品交易中，消费者往往处于（　　）地位。

A. 强势　　B. 平等　　C. 弱势　　D. 难以确定的

6. 经营者利用虚假广告提供商品或者服务，消费者合法权益因此受到损害的，可以向（　　）要求赔偿。

A. 广告经营者　　B. 广告制作人

C. 经营者　　D. 发布广告的媒体

7. “国际消费者权益日”定在每年的（　　）。

A. 2 月 15 日　　B. 3 月 15 日　　C. 4 月 15 日　　D. 5 月 15 日

8. 一般说来，消费者享有对（　　）进行监督的权利。

A. 商品　　B. 服务

C. 商品、服务以及保护消费者权益的工作　　D. 不合格商品

9. 对（　　），消费者要求经营者修理、更换、退货的，经营者应当承担运输费用等合理费用。

A. 包修、包换、包退的一切商品　　B. 包修、包换、包退的大件商品

C. 包修、包换、包退的家用电器　　D. 一切商品

三、多项选择题

1. 下列不属于《中华人民共和国产品质量法》调整范围的产品有（　　）。

A. 天然气　　B. 初级农产品

C. 道路　　D. 建设工程使用的建筑材料

2. 以下产品中，不属于《中华人民共和国产品质量法》中所谓“缺陷”产品的有（　　）。

A. 损伤皮肤的化妆品　　B. 制冷效果不好的空调机

C. 图像效果不佳的电视机　　D. 保温效果不良的暖水瓶

3. “三无”产品是指（　　）的产品。

A. 无产品合格证明

B. 无产品名称、生产厂名和厂址

C. 无产品生产日期、安全使用期或者失效日期

D. 无质量认证标志

4. 销售者在产品质量方面承担民事责任的具体形式有（　　）。

A. 修理　　B. 更换　　C. 退货　　D. 赔偿

5. 经营者给（　　）的，必须如实入账；接受折扣、佣金的经营者也必须如实入账。

A. 对方折扣　　B. 对方佣金

C. 中间人折扣　　D. 中间人佣金

6. 在商品上伪造、仿冒使用（　　），对商品质量作引人误解的虚假表示是不正当竞争行为。

A. 认证标志　　B. 名优标志

C. 产地　　D. 非注册商标

7. 消费者权益保护的特征包括（　　）。

A. 公益性　　B. 扶助弱者

C. 保障安全　　D. 补偿与惩罚相结合

8. 消费者的权利包括（　　）等。

A. 安全权、知悉权　　B. 选择权、公平权

C. 求偿权、结社权　　D. 教育权、监督权

四、判断题

1. 如果销售者既不能指明缺陷产品的生产者，也不能指明缺陷产品的供货者，销售者应当承担赔偿责任。（　　）

2. 产品投入流通时，引起损害的缺陷尚不存在的，生产者不承担赔偿责任。（　　）

3. 擅自使用他人有一定影响的域名主体部分、网站名称、网页，属于不正当竞争行为。（　　）

4. 使用商业秘密者，若不知悉该商业秘密系他人以盗窃等非法手段获取，不视为侵犯商业秘密。（　　）

5. 有奖销售可故意让内定人员中奖。（　　）

6. 经营者可利用技术手段，在其他经营者的网络产品中插入链接，或强制进行目标跳转。（　　）

7. 我国对不正当竞争行为进行监督检查的部门主要是区级以上市场监督管理部门及法律、行政法规规定的其他部门。（　　）

8.《中华人民共和国消费者权益保护法》保护的是消费者在市场交易中的合法权益。违法交易或以索赔为目的而进行的交易不受法律保护。（　　）

9.《中华人民共和国消费者权益保护法》不适用于农民购买生产资料这种消费行为。（　　）

10. 在保修期内三次修理仍不能正常使用的，经营者应当负责更换或者退货。（　　）

五、简答题

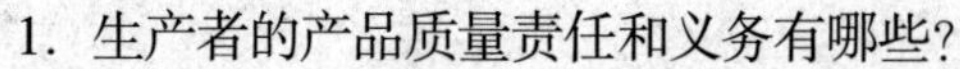

1. 生产者的产品质量责任和义务有哪些？

2. 销售者的产品质量责任和义务有哪些？

3. 不正当竞争行为的具体表现有哪些？

4. 消费者的权利有哪些？

5. 消费者权益争议的解决途径有哪些？

六、案例题

1. 消费者的损失应由谁来赔偿？

陈某在某家电商场购买冰箱时，商家赠送了一个电磁炉。该电磁炉仅使用了几次就发生炸裂。陈先生因此受伤，花费医药费 1 860 元。陈先生要求商场更换电磁炉，赔偿医药费及误工费，商家以电磁炉是赠品为由拒绝。

问题：

陈先生的损失应由谁来赔偿？为什么？

2. 消费者的尊严能否侵犯？

消费者王某在超市购物付款后，由于该超市收银员的疏忽，未将王某所购物品消磁，以致王某离店时电子报警装置发出警报。超市安保人员随即喊道："你有物品没付款！"安保人员将王某带到保卫室，欲检查王某的包，遭到王某拒绝，后索要其结账单至总服务台核对，期间强制王某滞留一个小时，并造成群众围观。在总服务台核实其所购物品与结账单相符的情况下，安保人员才将王某放走。

王某认为其身心受到伤害，随后向消费者协会投诉，要求该超市公开赔礼道歉并赔偿身心健康损失费。

问题：

王某的诉求应被支持吗？为什么？

第六章　工业产权法

一、填空题

1. 在我国，工业产权主要是指专利权和________，它和著作权一起被称为知识产权。

2. 工业产权是一种无形财产权，与有形财产权相比，它有______、______、时间性、确认性等主要特征。

3. 按商标的管理划分，商标可分为________和________。

4. 按商标使用人对商标的使用动机不同，商标可分为________、________、证明商标。

5. 商标权人依法享有________、许可使用权、________、续展权、禁用权、收益权。

6. 商标注册采用_________与强制注册相结合的原则。

7. 专利是指经主管机关依法审查批准，符合专利条件的__________。

8. 根据《中华人民共和国专利法》的相关规定，专利权的客体包括______、________和外观设计。

9. 根据《中华人民共和国专利法》的相关规定，发明专利权的期限为______年，实用新型专利权的期限为____年。

二、单项选择题

1. 如连续（　　）年停止使用注册商标，商标局可撤销该注册商标。

A. 3　　B. 2　　C. 1　　D. 5

2. 注册商标续展注册的有效期为（　　）年。

A. 3　　B. 5　　C. 7　　D. 10

3. 两个或两个以上的申请人，在相同或类似商品上以相同或近似的商标申请注册时，申请在先的商标，其申请人可获得商标专用权，在后的商标注册申请被驳回的原则是（　　）原则。

A. 使用在先　　B. 申请在先

C. 自愿注册　　D. 诚实信用

4. 使用注册商标应当标明“注册商标”字样或者标明注册标记（　　）。

A. R　　B. M　　C. T　　D. Q

5．续展注册商标有效期自该商标上一届有效期满（　　）起计算。

A．前 1 日　　B．前 2 日　　C．当日　　D．次日

6．下列选项中，不属于发明创造的是（　　）。

A．发明　　B．实用新型

C．外观设计　　D．智力活动规则和方法

7．商标使用的文字、图形或者其组合，应当有（　　）。

A．新颖性　　B．创造性

C．显著特征　　D．美感并适于应用

8．杭州娃哈哈集团注册了娃哈哈、哈哈娃、娃娃哈等一系列商标，这类商标属于（　　）。

A．联合商标　　B．防御商标　　C．证明商标　　D．服务商标

9．联想（北京）有限公司在手机、化工等多个领域都注册了“联想”商标，这类商标属于（　　）商标。

A．联合　　B．防御　　C．证明　　D．服务

10．专利申请人对国务院专利行政部门驳回申请的决定不服的，可以自收到通知之日起（　　）内向国务院专利行政部门请求复审。

A．3 个月　　B．6 个月　　C．1 年　　D．2 年

三、多项选择题

1．商标注册的原则有（　　）。

A．诚实信用原则　　B．申请在先原则

C．使用在先原则　　D．自愿注册与强制注册相结合原则

2．根据《中华人民共和国商标法》的规定，下列选项中，可以作为商标使用的有（　　）。

A．一段音乐　　B．一种特殊气味

C．一组数字　　D．一个立体人像

3．根据商标法律制度的规定，下列行为中，侵害注册商标专用权的有（　　）。

A．未经商标注册人许可，在同一种商品上使用与其注册商标相同的商标

B．未经商标注册人许可，在同一种商品上使用与其注册商标近似的商标

C．销售侵犯注册商标专用权的商品

D．使用侵犯注册商标专用权的商品

4．根据《中华人民共和国专利法》的规定，下列选项中，可以授予专利权的有（　　）。

A．新设计的能够应用的技术方案　　B．新型的疾病治疗仪器

C．智力活动的规则和方法　　D．新设计的产品结构

5．在我国，导致专利权终止的情形有（　　）。

A．专利权的期限届满　　B．专利权被撤销

C．专利权人以书面方式放弃其专利权　　D．专利权人未按照规定缴纳年费

6．商标权包括（　　）等。

A．专用权　　B．许可使用权

C．转让权　　D．续展权

7.《中华人民共和国专利法》规定，一项发明创造要取得发明和实用新型专利权，应同时具备（　　）。

A．新颖性　　B．创造性　　C．实用性　　D．经济性

8．根据《中华人民共和国专利法》的相关规定，专利权的客体包括（　　）。

A．发明　　B．实用新型　　C．外观设计　　D．原创理论

9．根据《中华人民共和国商标法》相关规定，下列选项中，不得作为商标使用的有（　　）。

A．国旗　　B．红十字　　C．“郑州”地名　　D．五角星

四、判断题

1．除法定不能作为商标的标志外，能够将自然人、法人或者其他组织的商品与他人的商品区别开的标志，可以作为商标申请注册。（　　）

2．在我国，未注册商标不允许使用。（　　）

3．发明专利权期满后，专利权人如果想继续得到法律保护，可以申请续展。（　　）

4．对侵犯注册商标专用权的，任何人都可以向侵权人所在地或者侵权行为发生地县级以上市场监管部门控告或检举，被侵权人也可直接向人民法院起诉。（　　）

5．生产者可以将“驰名商标”字样印刷在商品包装上。（　　）

6．未注册商标不享有商标的专用权，通常情况下也不受法律保护。（　　）

7．宣告无效的专利权视为自始即不存在。（　　）

8．注册商标的商标权人依法享有商标专用权，不得将其转让给其他个人和组织使用。（　　）

9．商标权人有通过使用、许可使用、转让等方式行使其商标权而获得经济收益的权利。（　　）

10．两个以上的人分别就同样的发明创造申请专利，专利权授予最先申请的人。（　　）

五、简答题

1. 商标权人依法享有的权利有哪些?

2. 商标权人依法承担的义务有哪些?

3. 商标注册的原则有哪些?

4. 专利权的主体有哪些?

5. 专利权的内容有哪些?

六、案例题

1．企业要有商标注册意识

河南的甲企业是生产月饼的知名老厂，从 2018 年 6 月开始在其生产的月饼上使用“佳乐”商标。2024 年 1 月 10 日，甲企业向知识产权局申请注册“佳乐”商标。同日，河北的乙企业也向知识产权局申请注册“佳乐”商标，打算在今后的糕点食品上使用。而此时山东的丙企业已在其生产的糕点上使用“佳乐”这一标识达 4 年之久。

问题：

（1）谁能取得“佳乐”商标的专用权？为什么？

（2）若商标权被授予某申请人，其他企业能否擅自使用该商标？为什么？

（3）若山东的丙企业要继续合法使用该商标，应通过哪些途径？

（4）商标使用人必须申请注册商标吗？为什么？

2．专利权如何判定？

2019 年 10 月 1 日，甲公司的退休职工王某在退休后 6 个月完成了一项方法发明，甲公司认为王某的发明与其在甲公司承担的本职工作有关，向王某提出该方法发明申请专利的权利属于甲公司，王某表示同意。

2020 年 1 月 1 日，甲公司向国务院专利行政部门提出发明专利的书面申请。国务院专利行政部门经初步审查，认为该方法发明符合专利法的规定要求，于 2021 年 7 月 1 日即行公布。2022 年 10 月 1 日，国务院专利行政部门根据甲公司的请求，对该方法发明进行实质审查后，于 2023 年 1 月 1 日作出授予甲公司发明专利权的决定，并于同日予以登记和公告。

但是，乙公司在 2020 年 1 月 1 日前已经在工作中使用相同的方法。甲公司于 2023 年 1 月 1 日取得发明专利权后，乙公司在原有范围内继续使用该方法。

2023 年 8 月 1 日，甲公司的发明专利被国务院专利行政部门宣告无效。

问题：

（1）甲公司是否为该方法发明的专利权人？为什么？

（2）甲公司发明专利权的保护期限从何时起计算？为什么？

（3）乙公司的行为是否属于专利侵权？为什么？

（4）甲公司的发明专利为什么被国务院专利行政部门宣告无效，相关专利权从什么时间起无效？

第七章　会　计　法

一、填空题

1. 会计法是调整__________的法律规范。

2. 根据《中华人民共和国会计法》的规定，国家机关、社会团体、公司、企业、事业单位和其他组织都必须依法设置__________，并保证其真实、完整。

3. 我国会计工作管理体制实行的原则是“统一领导，分级管理”，即由__________统一领导，__________分级管理。

4. 会计人员调动工作或者离职，必须与__________办清交接手续。

5. 各单位必须根据__________进行会计核算，填制会计凭证，登记会计账簿，编制财务会计报告。

6. 会计人员对原始凭证进行审核时，对不真实、不合法的原始凭证有权__________，并向__________报告。

7. 我国的会计监督分为三个层次，即单位内部监督、__________和政府监督。

8.《中华人民共和国会计法》规定，各单位的__________对本单位的经济活动进行监督。

二、单项选择题

1. 下列选项中，不属于《中华人民共和国会计法》适用范围的是（　　）。

A. 国家机关　　B. 有限责任公司

C. 个体工商户　　D. 社会团体

2. 根据《中华人民共和国会计法》的规定，应当对本单位会计工作和会计资料的真实性、完整性负责的是（　　）。

A. 单位负责人　　B. 单位会计机构负责人

C. 单位总会计师　　D. 单位审计机构负责人

3. 根据《中华人民共和国会计法》的规定，下列企业必须设置总会计师的是（　　）。

A. 普通合伙企业　　B. 个人独资企业

C. 外商独资企业　　D. 国有大中型企业

4. 一般会计人员办理会计工作交接时，负责监交的是（　　）。

A. 审计人员　　　　B. 其他会计人员

C. 出纳人员　　　　D. 会计机构负责人

5. 按照《中华人民共和国会计法》的规定，某单位（　　）时不需办理会计手续，进行会计核算。

A. 向银行借入3个月期限的短期借款

B. 收到某单位投资转入的设备一台

C. 制订年度采购计划

D. 生产车间领用材料一批

6. 根据《中华人民共和国会计法》的有关规定，下列属于伪造会计凭证行为的是（　　）。

A. 出纳将报销凭证上的金额1 000元涂改为7 000元

B. 业务员将金额错误的销售单更正并盖章

C. 企业虚开假发票一张并编制记账凭证

D. 会计将账簿上错误的数字画线更正并盖章

7. 根据《中华人民共和国会计法》的规定，下列关于会计核算的要求，说法不正确的是（　　）。

A. 我国会计年度采用公历制

B. 会计记录的文字应当使用中文

C. 所有单位编制的财务报告须以人民币反映

D. 业务收支以外币为主的单位，须以人民币作为记账本位币

8. 宇华有限责任公司的会计张某在审核发票时发现，发票抬头误写成“宇华有限公司”，该会计的正确做法是（　　）。

A. 因金额正确，不影响记账，可不必理会

B. 不予接受，并向单位负责人报告

C. 因错误不大，可自行更正并加盖经办人名章后入账

D. 将发票退回，并要求出具单位重开

9. 为保证账簿记录的准确与完整，定期进行的账目核对不包括（　　）。

A. 账实相符　　B. 账证相符　　C. 证证相符　　D. 账表相符

10. 根据《中华人民共和国会计法》的规定，无须在财务会计报告上签章的是（　　）。

A. 普通记账人员　　　　B. 单位负责人

C. 会计机构负责人　　　　D. 总会计师

11. 根据《中华人民共和国会计法》的规定，（　　）有权对会计师事务所出具审计报

告的程序和内容进行监督。

A．市场监督管理部门　　B．税务部门

C．审计部门　　D．财政部门

12．下列选项中，属于应终身禁止从事会计工作的是（　　）。

A．因伪造会计凭证被单位撤职的王某

B．因变造会计账簿被处以罚款的刘某

C．因私设会计账簿被处以罚款的赵某

D．因隐匿会计凭证被判处有期徒刑的李某

三、多项选择题

1．一个单位可以根据（　　）决定是否设置会计机构，以及如何设置会计机构。

A．单位规模大小　　B．会计业务繁简程度

C．会计人员的素质　　D．经营管理的需要

2．下列关于单位会计机构设置的说法中，正确的有（　　）。

A．不具备设置条件的，可以从外单位聘用兼职会计人员

B．单独设置会计机构的，应配备会计人员，并指定会计机构负责人

C．可以在有关机构中设置会计人员，并指定会计主管人员

D．不设置会计机构的，可以委托经批准设立的中介机构代理记账

3．下列会计工作中，出纳人员不得同时负责的有（　　）。

A．空白支票的保管工作　　B．会计档案的保管工作

C．稽核工作　　D．收入、费用账目的登记工作

4．各单位应当按照国家统一会计制度的规定和会计业务的需要设置会计账簿。会计账簿包括（　　）。

A．总账　　B．明细账　　C．日记账　　D．辅助性账簿

5．下列关于更正会计账簿错误的说法，正确的有（　　）。

A．应当按照国家统一的会计制度规定的方法更正

B．由单位负责人在更正处盖章

C．由会计机构负责人在更正处盖章

D．由会计人员和会计机构负责人在更正处盖章

6．按照《中华人民共和国会计法》的规定，记账人员与经济业务事项和会计事项的（　　）人员的职责权限应当明确，并相互分离、相互制约。

A．稽核　　B．经办　　C．财物保管　　D．审批

7．下列关于单位内部会计监督制度的说法，正确的有（　　）。

A．重大对外投资可由单位负责人直接决定

B．应对会计资料定期进行内部审计

C．财产清查的范围、期限和组织程序应当明确

D．记账人员与经办人员的职责权限应相互分离、相互制约

8．下列选项中，属于财政部门对各单位实施监督的事项有（　　）。

A．从事会计工作的人员是否具备专业能力

B．会计报表是否真实、完整

C．会计核算是否符合《中华人民共和国会计法》和国家统一的会计制度的规定

D．是否按时完成纳税申报

9．可依照有关法律、行政法规规定，对有关单位的会计资料实施监督检查的部门有（　　）。

A．财政部门　　B．人民银行

C．税务部门　　D．商业银行

10．下列关于会计监督的主体及对象的说法中，错误的有（　　）。

A．单位内部监督的主体是单位负责人

B．单位内部监督的对象是单位的经济活动

C．财政部门是政府监督的唯一主体

D．注册会计师及其所在的会计师事务所是社会监督的唯一主体

11．根据《中华人民共和国会计法》的规定，某外商投资企业私设会计账簿，存在搞账外账的严重违法行为，但尚未构成犯罪，其直接负责的主管人员和负有直接责任的会计人员可能受到的行政处罚有（　　）。

A．责令限期改正　　B．处以 2 000 元以上 2 万元以下罚款

C．企业负责人就地免职　　D．五年内不得从事会计工作

12．根据《中华人民共和国会计法》的规定，下列情形中属于违反该法的行为有（　　）。

A．随意变更会计处理方法

B．以银行对账单代替银行存款日记账

C．未按规定使用记账本位币

D．授意会计人员伪造会计凭证

四、判断题

1．《中华人民共和国会计法》适用于中华人民共和国境内的所有单位，包括在我国设立的中外合作、中外合资、外商独资企业。（　　）

2. 不具备会计师以上专业技术职务资格的人员，不得担任单位会计机构负责人。（　）

3. 因提供虚假财务会计报告行为被依法追究刑事责任的人员，五年内不得再从事会计工作。（　）

4. 外商独资企业平时可使用外国文字记账，编制财务报告时再转换为中文。（　）

5. 各单位采用的会计处理方法，前后各期必须一致，不得变更。（　）

6. 原始凭证金额出现错误，可由出具单位重开或者更正，更正处应当加盖出具单位印章。（　）

7. 会计人员伪造会计凭证尚不构成犯罪的，五年内不得从事会计工作。（　）

8. 某会计师事务所接受委托审计甲公司的年度财务会计报告属于社会监督。（　）

9. 根据《中华人民共和国会计法》的要求，一项采购合同，签订时与履行时均需进行会计核算。（　）

10. 单位负责人对依法履行职责、抵制违反会计法规定行为的会计人员实行打击报复，尚不构成犯罪的，由其所在单位或者有关单位依法给予行政处分。（　）

五、简答题

1. 什么是会计法？《中华人民共和国会计法》的适用范围有哪些？

2.《中华人民共和国会计法》的基本原则有哪些？

3.《中华人民共和国会计法》对会计核算提出了什么要求？

4. 简述会计人员工作交接的注意事项。

5. 什么是会计监督？我国的会计监督包含哪几个层次？

6. 简述伪造、变造、编制虚假会计资料应承担的法律责任。

六、案例题

1. 原始凭证存在问题的处理方法

正兴公司的会计王某在审查原始凭证时，发现如下问题：

（1）采购员张某从外地购进一批材料，收到发票后发现发票上记载的材料规格有误，于是对发票进行更改，并在更改处加盖了自己的印章，作为报销凭证。

（2）业务员李某提供的住宿费发票经查验属于伪造的发票。

（3）业务员赵某提供的销售单未注明数量及单位。

问题：

会计王某应当如何处理上述情况？

2. 会计人员设置及会计工作交接的注意事项

信达公司为一家中型生产企业，设置了独立的会计机构。其中，王某担任出纳，负责日常收支结算、日记账登记及会计档案保管等工作；孙某担任会计，负责日常业务核算、明细账登记等工作；张某担任会计机构负责人，负责稽核及总账报表编制等工作。

2024 年 4 月，会计机构负责人张某因故离职，公司聘用李某接替其工作。李某已取得助理会计师资格，且从事会计工作已满 5 年。双方在人事负责人赵某的监交下完成了工作交接。

李某任职后，发现张某在任期间采取虚增营业收入等方法，调整了财务会计报告，其移交的会计资料的真实性和合法性存在问题。

问题：

（1）该公司会计人员岗位设置存在哪些问题？

（2）李某是否满足会计机构负责人的任职条件？请说明理由。

（3）李某与张某的工作交接是否存在问题？请说明理由。

（4）谁应对移交的会计资料的真实性和合法性承担法律责任？请说明理由。

3. 违反《中华人民共和国会计法》的行为及法律责任

某市财政部门在对新华公司2023年度财务工作进行监督检查时，发现如下问题：

（1）该企业设有两套账簿，一套用于对外报送财务数据，另一套用于内部核算。

（2）因经营不善，该企业2023年亏损较大，单位负责人李某授意会计王某通过伪造会计凭证等手段调整会计报表。王某拒绝后，李某将其解聘，并指使会计刘某编制虚假会计报表。

（3）单位负责人李某认为自己不懂财务，每月对外提供的财务报表均由财务负责人签章，其真实性由财务负责人负责，与自己无关。

问题：

（1）请逐项指出上述哪些行为违反了《中华人民共和国会计法》的规定？

（2）根据《中华人民共和国会计法》的规定，对资料（2）中的相关违法行为应如何处理？

第八章　金融法律制度

一、填空题

1. 狭义的金融是指________的融通。

2. 金融法是调整金融调控、_________和金融交易关系的各种法律规范的总称。

3. 票据行为包括出票、________、承兑和______。

4. 我国票据法规定的本票是指________。

5. 支票按照支付票款的方式不同可以分为________、转账支票和________。

6. 根据保险设立是否以营利为目的，保险可分为________和________。

7. 参与订约的保险人与投保人，即保险交易的________，被保险人和受益人则是保险关系保障的________。

8. 保险合同的条款可分为________和约定条款两种类型。

二、单项选择题

1. 下列选项中，（　　）不是《中华人民共和国票据法》所规定的票据。

A. 股票　　B. 支票　　C. 本票　　D. 汇票

2. 甲公司向乙公司签发了一张见票后 4 个月付款的银行承兑汇票。乙公司持该汇票向付款人提示承兑的期限是（　　）。

A. 自出票日起 10 日内　　B. 自出票日起 1 个月内

C. 自出票日起 6 个月内　　D. 自出票日起 2 个月内

3. 商业承兑汇票丢失后，补救方法不被认可的是（　　）。

A. 声明作废　　B. 挂失止付　　C. 普通诉讼　　D. 公示催告

4. 甲公司向乙公司采购一批材料，使用银行承兑汇票支付货款。甲公司的开户行丙对汇票进行承兑后将承兑完毕的汇票交给乙公司，乙公司的开户行是丁银行。下列关于该票据当事人的表述中，正确的是（　　）。

A. 收款人是乙公司　　B. 付款人是甲公司

C. 保证人是丁银行　　D. 出票人是丙银行

5. 下列票据中，可以办理贴现的是（　　）。

A. 银行承兑汇票　　B. 银行汇票

C. 转账支票 D. 银行本票

6. 本票自出票日起，付款期限最长不得超过（ ）个月。

A. 1 B. 2 C. 3 D. 4

7. 下列选项中，（ ）属于支票必须记载的事项。

A. 出票日期 B. 保证日期 C. 付款日期 D. 背书日期

8. 贾某持有一张出票日期为 2023 年 12 月 14 日的现金支票。下列日期中，贾某提示付款时银行有权拒绝付款的是（ ）。

A. 2023 年 12 月 23 日 B. 2023 年 12 月 18 日

C. 2023 年 12 月 14 日 D. 2024 年 1 月 14 日

9. 由出票人签发的，承诺自己在见票时无条件支付确定的金额给收款人或者持票人的票据是指（ ）。

A. 本票 B. 支票 C. 商业汇票 D. 银行汇票

10. 甲公司签发了一张金额为 18 000 元的空头支票，依据《中华人民共和国行政处罚法》和《票据管理实施办法》的有关规定，应对甲公司处以（ ）元的罚款。

A. 900 B. 1 000 C. 0 D. 1 500

11. 在人身保险合同中，由被保险人或者投保人指定的、享有保险金请求权的人是（ ）。

A. 保险人 B. 投保人 C. 受益人 D. 保险经纪人

12. 下列选项中，不属于财产保险的是（ ）。

A. 责任保险 B. 信用保险

C. 人寿保险 D. 机动车辆保险

三、多项选择题

1. 票据的法律特征包括（ ）。

A. 是有价证券 B. 是要式证券 C. 是无因证券 D. 是流通证券

2. 当汇票到期被拒绝付款时，下列持票人中可以对其行使追索权的有（ ）。

A. 前手背书人 B. 付款人 C. 保证人 D. 出票人

3. 汇票的（ ）应对持票人承担连带责任。

A. 出票人 B. 背书人 C. 承兑人 D. 保证人

4. 关于支票的付款方式，以下表述错误的有（ ）。

A. 普通支票不可用于支取现金，只可用于转账

B. 现金支票只能用于支取现金，不可用于转账

C. 划线支票既可用于支取现金，也可以用于转账

D. 普通支票既可以用于支取现金，也可以用于转账

5. 下列关于票据提示付款期限的表述中，正确的有（　　）。

A. 银行本票的提示付款期限，自出票日起最长不超过 1 个月

B. 银行汇票的提示付款期限为自出票日起 1 个月

C. 支票的提示付款期限为自出票日起 10 日

D. 商业汇票的提示付款期限为自汇票到期日起 10 日

6. 下列选项中，出票人是银行的有（　　）。

A. 商业汇票　　B. 银行汇票　　C. 本票　　D. 支票

7. 下列选项中，属于《中华人民共和国保险法》调整范围的有（　　）。

A. 保险业内，保险公司之间的竞争关系

B. 投保人与保险公司之间的关系

C. 工伤保险关系

D. 保险代理人与保险公司之间的关系

8. 保险按标的不同可分为（　　）。

A. 财产保险　　B. 人身保险　　C. 责任保险　　D. 保证保险

9. 保险合同的要素包括（　　）。

A. 合同主体　　B. 合同客体　　C. 合同内容　　D. 保险公司

10. 下列行为中，应给予行政处罚的有（　　）。

A. 投保人故意虚构保险标的，骗取保险金

B. 编造未曾发生的保险事故，编造虚假的事故原因，或者夸大损失程度，骗取保险金

C. 故意造成保险事故，骗取保险金

D. 构成犯罪，提起诉讼

四、判断题

1. 银行汇票的背书转让金额可以超过出票金额。（　　）

2. 商业汇票只适用于同城业务。（　　）

3. 当付款人在汇票上加盖“承兑”印章并签章后，便成为该汇票的主债务人。（　　）

4. 商业承兑汇票可以由付款人签发并承兑，也可以由收款人签发，交由付款人承兑。（　　）

5. 本票上必须记载付款人名称。（　　）

6. 银行本票是见票付款的票据。（　　）

7. 转账支票既可以用于提取现金，也可以用于转账。（　　）

8．用于支取现金的支票仅限于收款人向付款人提示付款。（ ）

9．单位或个人签发空头支票的，由其开户银行处以罚款。（ ）

10．从风险管理的角度来看，保险是一种民事法律关系。（ ）

五、简答题

1．票据的法律特征有哪些？

2．简述票据行为成立的有效条件。

3．保险主体有哪些？

六、案例题

1．签发支票的要求

甲公司在银行的支票存款为 1 000 000 元，该公司签发了一张面额为 2 000 000 元的转账支票给乙公司。之后甲公司再没有向开户银行存款。

问题：

（1）乙公司所持的支票是否为空头支票？为什么？

（2）甲公司对空头支票的持票人应负什么责任？

2. 保险合同生效的时间

某企业于2024年3月28日为全体职工投保了团体人身意外伤害险，保险公司当即签发了保险单并收取了保险费，但在保险单上列明，保险期限自同年4月1日起到第二年3月31日止。当年3月30日，该企业一职工在工作之余去海上钓鱼，不慎落海身亡。

问题：

保险公司是否负有保险责任？为什么？

第九章 税收法律制度

一、填空题

1. 税收，是国家为了实现其职能，凭借政治权利，按照法定标准，强制、无偿地取得财政收入的一种______________。

2. ______________是指税法规定的直接负有纳税义务的单位和个人。

3. 征税对象主要包括物和______两种形式。

4. 我国现行税率主要包括__________、累进税率和__________。

5. 我国现行税法体系由税收实体法体系和__________体系两大部分构成。

6. 增值税是指对销售货物或劳务过程中实现的__________征收的一种税。

7. 消费税应纳税额的计算方法分为__________、从量定额、__________三种。

8. 根据纳税人的不同，企业所得税的征收范围也不同。一般而言，居民企业就其来源于__________________的所得纳税。

9. 税务登记是税务机关对纳税人的基本情况及生产经营项目进行登记管理的一项基本制度，包括开业登记、____________和注销登记。

二、单项选择题

1. 我国税法的构成要素中，能够用来区分不同类型税种的重要标志是（　　）。

A. 纳税义务人　　B. 征税对象

C. 税率　　D. 纳税期限

2. 对同一征税对象不分数额大小，都按同一税率征税的税率属于（　　）。

A. 比例税率　　B. 累进税率

C. 定额税率　　D. 复合税率

3. 根据增值税法律制度的规定，下列关于增值税纳税人的说法正确的是（　　）。

A. 年应税销售额在 500 万元（含）以下的纳税人，一律为小规模纳税人

B. 年应税销售额超过 500 万元的纳税人，一律为一般纳税人

C. 年应税销售额未超规定标准，但会计核算健全，能提供准确税务资料的，可申请登记为一般纳税人

D. 自然人也可作为一般纳税人纳税

4. 根据增值税法律制度的规定，下列不属于销售无形资产的是（　　）。

A. 转让土地使用权　　B. 转让商标权

C. 转让著作权　　D. 转让金融商品

5. 根据增值税法律制度的规定，下列选项中，不属于视同销售行为的是（　　）。

A. 将货物交给其他单位或个人代销　　B. 销售代销货物

C. 将自产货物用于集体福利　　D. 将购进货物用于集体福利

6. 某单位为小规模纳税人，2024 年 12 月销售货物取得含增值税销售额 51 500 元，当月购进商品 25 000 元，则该单位当月应交增值税（　　）元。

A. 1 545　　B. 1 500　　C. 795　　D. 3 445

7. 根据消费税法律制度的规定，下列选项中，不属于消费税纳税人的是（　　）。

A. 在中国境内生产白酒的企业

B. 在中国境内委托加工高档化妆品的个人

C. 在中国境内生产金银首饰的企业

D. 在中国境内进口小汽车的单位

8. 下列消费品中，实行从价定率与从量定额相结合征税办法的是（　　）。

A. 啤酒　　B. 粮食白酒　　C. 酒糟　　D. 葡萄酒

9. 根据企业所得税法律制度的规定，以下属于非居民企业的是（　　）。

A. 在中国境内成立的外商独资企业

B. 根据外国（地区）法律成立，实际管理机构在中国境内的企业

C. 根据外国（地区）法律成立且实际管理机构在国外，在中国境内设立机构场所的企业

D. 根据外国（地区）法律成立，在中国境内未设立机构、场所，也没有源于中国境内收入的企业

10. 根据《中华人民共和国个人所得税法》的规定，个人所得税的纳税义务人不包括（　　）。

A. 个体工商户　　B. 个人独资企业投资者

C. 一人有限责任公司　　D. 在中国境内有所得的外籍个人

11. 根据《中华人民共和国个人所得税法》的规定，下列选项中，不属于居民个人综合所得的是（　　）。

A. 特许权使用费所得　　B. 劳务报酬所得

C. 稿酬所得　　D. 财产转让所得

12. 根据税收征收管理法律制度的规定，财务制度不健全、不能准确计算税款的纳税人适用的税款征收方式为（　　）。

A. 查账征收　　B. 核定征收
C. 代扣代缴　　D. 代收代缴

三、多项选择题

1. 下列选项中，属于税收基本特征的有（　　）。
A. 强制性　　B. 无偿性　　C. 固定性　　D. 周期性
2. 税法构成的三个基本要素有（　　）。
A. 纳税义务人　　B. 征税对象　　C. 税率　　D. 纳税环节
3. 下列关于纳税义务人的说法不正确的有（　　）。
A. 纳税义务人包括扣缴义务人
B. 增值税的纳税义务人与负税人是不同的
C. 纳税人可以是自然人也可以是法人
D. 纳税人只包括法人
4. 根据增值税法律制度的规定，下列不需要办理一般纳税人资格登记的纳税人有（　　）。
A. 自然人
B. 选择按照小规模纳税人纳税的事业单位
C. 选择按照小规模纳税人纳税的个体工商户
D. 提供餐饮服务且年应税销售额达到600万元的企业
5. 根据增值税法律制度的规定，下列属于增值税征收范围的有（　　）。
A. 维修汽车　　B. 销售商品房
C. 进口货物　　D. 提供建筑安装服务
6. 根据消费税法律制度的规定，下列属于消费税征收范围的有（　　）。
A. 汽油　　B. 食用油
C. 鞭炮　　D. 实木地板
7. 下列有关企业所得税税率的说法正确的有（　　）。
A. 企业所得税的基本税率为25%
B. 非居民企业的适用税率为20%
C. 符合条件的小型微利企业的适用税率为20%
D. 国家需要重点扶持的高新技术企业的适用税率为15%
8. 下列个人取得的收入中，应缴纳个人所得税的有（　　）。
A. 工资、薪金所得　　B. 利息、股息、红利所得
C. 稿酬所得　　D. 偶然所得

9. 下列选项中，属于个人所得税专项附加扣除的有（　　）。

A. 大病医疗专项附加扣除　　B. 子女教育专项附加扣除

C. 住房租金专项附加扣除　　D. 赡养老人专项附加扣除

10. 根据税收征收管理法律制度的规定，我国税收征收管理机关包括（　　）。

A. 财政部门　　B. 税务机关

C. 海关　　D. 市场监督管理部门

11. 纳税申报的方式主要有（　　）。

A. 直接申报　　B. 邮寄申报

C. 数据电文申报　　D. 口头申报

12. 下列选项中，属于税收保全措施的有（　　）。

A. 书面通知纳税人开户银行，冻结纳税人相当于应纳税额的存款

B. 书面通知纳税人开户银行，从其存款中扣除税款

C. 扣押、查封纳税人价值相当于应纳税款的商品、货物或其他财产

D. 依法拍卖、变卖纳税人价值相当于应纳税款的商品、货物或其他财产

四、判断题

1. 定额税率一般适用于从价计征的税种。（　　）

2. 纳税期限一般由主管税务机关根据纳税人应纳税额的大小分别核定。不能按固定期限纳税的，也可以按次纳税。（　　）

3. 除另有规定外，纳税人一经认定为一般纳税人，不能转为小规模纳税人。（　　）

4. 设有两个以上机构并实行统一核算的纳税人，将货物从一个机构移送至其他机构用于销售的，应视同销售，征收增值税。（　　）

5. 根据消费品的不同，消费税税率采用比例税率和定额税率两种形式。（　　）

6. 在我国境内的企业和其他取得收入的组织为企业所得税的纳税人，如个人独资企业、合伙企业等。（　　）

7. 居民企业承担有限纳税义务，非居民企业承担无限纳税义务。（　　）

8. 居民个人综合所得，应在取得所得的次年3月1日至6月30日内办理汇算清缴。

（　　）

9. 除法律、法规另有规定外，账簿、记账凭证、报表、完税凭证、发票、出口凭证以及其他有关涉税资料应当保存10年。（　　）

10. 纳税人被市场监督管理机关吊销营业执照的，应当自营业执照被吊销之日起10日内，向原税务登记机关申报办理注销税务登记。（　　）

五、简答题

1. 简述我国现行税率的主要形式及适用范围。

2. 简述增值税的征税对象。

3. 简述消费税征收环节的具体规定。

4. 简述居民企业和非居民企业企业所得税的征收范围。

5. 个人所得税的征税对象包括哪些？

6. 税款征收的措施有哪些？

六、案例题

1. 应缴消费税的计算

某公司职员赵某（居民个人）2023 年取得工资、薪金收入 240 000 元，提供咨询服务取得劳务报酬 20 000 元，出租住房取得租金收入 30 000 元，个人缴纳的“三险一金”合计为 54 000 元。其赡养老人支出的扣除金额为 36 000 元。假设无其他扣除项目。

问题：

（1）上述收入哪些属于综合所得？

（2）赵某 2023 年取得的综合所得应缴纳多少个人所得税？

2．纳税违法行为的界定及处罚

某市税务局 2024 年 5 月 20 日对所管辖的大华服装有限公司（增值税小规模纳税人）进行检查，发现以下问题：

①2024 年 1 月采取开大头小尾发票的手段，少缴增值税 2 000 元；

②2024 年 2 月采取虚假申报手段，少缴增值税 5 000 元；

③2024 年 3 月因企业计算错误等失误，少缴增值税 3 000 元；

④2024 年 4 月赊销服装 2 060 件，每件售价（含增值税）200 元，没有记账，少缴增值税。

税务人员拟对该公司上述问题作出如下处理：

一是对少缴增值税行为均按偷税处理。

二是对于偷税行为，要求企业补缴少缴的税款，加收滞纳金，并处以不缴或者少缴税款 1 倍以上 5 倍以下的罚款。

问题：

（1）上述处理措施是否正确？请简要说明理由。

（2）计算该公司 2024 年 4 月因少列赊销收入应补缴的增值税。

第十章　经济纠纷的解决途径

一、填空题

1. 仲裁是指争议双方在_________或争议发生后达成协议，自愿将争议提交仲裁机构，由仲裁机构审理裁决，解决争议的一种方法。

2. 仲裁机构指各地依法设立的___________，中国仲裁协会是仲裁人员的自律性组织。

3. 对于仲裁机构的裁决，当事人应___________。若一方当事人不履行裁决书或调解书，另一方当事人_______________________。

4. 公民提起的民事诉讼，一般由___________________管辖。

5. 级别管辖是指《中华人民共和国民事诉讼法》所规定的各级人民法院受理案件的范围，我国法院系统有_________、高级人民法院、中级人民法院、________四个级别。

6. _______是当事人向人民法院起诉，请求保护其合法权益的期间。

二、单项选择题

1. 解决纠纷的各类途径中，实行地域和级别管辖的是（　　）。

A. 协商　　B. 调解　　C. 仲裁　　D. 诉讼

2. 对纠纷双方仅有道德约束力的是（　　）所制作的调解书。

A. 仲裁机构　　B. 民间人士　　C. 人民法院　　D. 社区调解员

3. 下列选项中，（　　）是仲裁机构仲裁的范围。

A. 法人之间的合同纠纷　　B. 婚姻纠纷

C. 继承纠纷　　D. 监护纠纷

4. 诉讼时效只适用于（　　）。

A. 辩解权　　B. 财产权　　C. 胜诉权　　D. 请求权

5. 人民法院审理民事纠纷案件程序中的基础程序是（　　）。

A. 普通程序　　B. 简易程序

C. 特别程序　　D. 审判监督程序

6. 甲乙双方在甲地就某产品质量申请仲裁，裁决后甲不予执行，乙只能（　　）。

A. 在甲地申请再裁

B. 在乙地申请再裁

C. 在甲地人民法院申诉

D. 在甲住所地中级人民法院申请强制执行

7. 当事人不履行仲裁裁决的，对方当事人向人民法院申请执行的期限是（　　）。

A. 三个月　　B. 六个月　　C. 一年　　D. 二年

8. 甲公司与乙公司签订了购销合同，双方约定发生争议由仲裁机构仲裁。而后乙公司违约，甲公司根据约定向仲裁机构申请仲裁，该仲裁机构接受申请并向乙公司发出通知。乙公司拒绝接受仲裁，向本地人民法院起诉。该合同纠纷应由（　　）解决。

A. 仲裁机构或人民法院　　B. 仲裁机构

C. 人民法院　　D. 双方协商解决

9. 紧急情况下，申请财产保全应该在（　　）。

A. 仲裁裁决后　　B. 仲裁裁决中

C. 诉讼中　　D. 申请仲裁或提起诉讼前

10. 甲、乙因某不动产发生纠纷，甲欲通过诉讼方式解决。下列相关表述中，符合法律规定的是（　　）。

A. 甲只能向乙住所地人民法院提起诉讼

B. 甲只能向该不动产所在地人民法院提起诉讼

C. 甲只能向自己住所地人民法院提起诉讼

D. 甲可以选择向乙住所地或该不动产所在地人民法院提起诉讼

三、多项选择题

1. 下列解决经济纠纷的途径中，有第三人参加的有（　　）。

A. 协商　　B. 调解　　C. 仲裁　　D. 诉讼

2. 对当事人合法权益具有强制力保护功能的文书有（　　）。

A. 和解协议　　B. 民间人士主持下制作的调解书

C. 法定机构制作的调解书　　D. 人民法院的判决书、裁定书

3. 订立仲裁协议的形式包括（　　）。

A. 合同书　　B. 信件　　C. 数据电文　　D. 电话

4. 仲裁协议的内容包括（　　）。

A. 请求仲裁的意思表示　　B. 请求诉讼的意思表示

C. 仲裁事项　　D. 选定的仲裁委员会

5. 一般的经济纠纷要通过诉讼解决应到（　　）人民法院申诉。

A. 被告住所地　　B. 原告住所地　　C. 县区级　　D. 地市级

6. 因合同纠纷提起的诉讼由（　　）人民法院管辖。

A. 合同履行地　B. 合同签订地　C. 原告住所地　D. 被告住所地

7. 解决纠纷的途径中，没有上诉、再审程序的有（　　）。

A. 协商　B. 调解　C. 仲裁　D. 诉讼

8. 诉讼时效可因（　　）而中断。

A. 提起诉讼　B. 当事人一方提出要求

C. 当事人一方履行义务　D. 不可抗力

9. 紧急情况下，申请财产保全的当事人应该向（　　）人民法院提出申请。

A. 被申请人住所地　B. 申请人住所地

C. 被保全财产所在地　D. 对案件有管辖权的

10. 经济纠纷当事人想通过诉讼解决纠纷至少应知道（　　）。

A. 一审管辖法院　B. 二审管辖法院　C. 诉讼时效　D. 审判程序

四、判断题

1. 仲裁协议是否有效，是仲裁委员会是否受理案件的关键所在。（　　）
2. 当事人双方自愿是仲裁与诉讼的主要区别点之一。（　　）
3. 仲裁机构无执行权，其裁决结果无权威性。（　　）
4. 人民法院审理一般的民事纠纷案实行两审终审制。（　　）
5. 当事人在案件再审过程中应该履行已经发生法律效力的判决、裁定。（　　）
6. 不可抗力事由可能引起诉讼时效的中止。（　　）
7. 诉讼时效中断的事由消除后，诉讼时效期间可连续计算。（　　）
8. 如果当事人一方不同意诉讼，则另一方无权申诉。（　　）
9. 诉讼时效中止、中断不适用于二十年的最长诉讼时效期间。（　　）

五、简答题

1. 解决纠纷有哪些途径？

2. 什么纠纷可以通过仲裁解决？什么纠纷可以通过诉讼解决？

3. 有效的仲裁协议的主要内容有哪些？

4. 诉讼时效期间包括哪些？对于普通诉讼时效主要有哪些规定？

5. 简述不适用诉讼时效的情形。

六、案例题

1. 选择最有利的纠纷解决途径

2023 年 10 月 5 日是方某父亲的生日，方某在家附近的某蛋糕房购买了一个生日蛋糕。生日过后第二天，方某及家中的两个孩子出现不同程度的腹泻，到医院就医诊断为急性肠胃炎，当即住院治疗。方某及其家人认为是吃了生日蛋糕引起的，于是便向蛋糕房提出 2.5 万元的赔偿，但蛋糕房不同意。后经有关部门多次组织调解，双方意见仍有较大分歧。10 月 20 日以后，方某及其家人连续十多天在客流量高峰时段到蛋糕房门前骚扰闹事，阻拦顾客进店，并在公交车站、自动取款机等人流量大的地方张贴与事实不符的求助信，使蛋糕房的正常经营及名誉都受到影响。

问题：

（1）这起纠纷如何处理，才能对双方都有利？

（2）方某能到人民法院起诉蛋糕房吗？如果能，应到哪个地方的哪一级人民法院起诉？在什么条件下，人民法院会支持方某的诉求？

（3）蛋糕房能够去申请仲裁吗？

（4）蛋糕房能到人民法院起诉方某吗？如果起诉，蛋糕房合理的诉讼请求应有哪些？

2. 到哪里起诉？

杭州市人民政府授权杭州市西湖区龙井茶产业协会（以下简称西湖龙井茶协会）负责“西湖龙井”地理标志证明商标的注册和后续使用监管等工作，以加强西湖龙井的保护和发展。2011 年 6 月 28 日，经国家商标局核准，“西湖龙井”地理标志证明商标注册成功，核定使用商品为第 30 类茶叶。随后，国家商标局登载了相关使用规则：使用西湖龙井商标的商品必须同时符合商品的采摘、加工工艺等要求，并且需要办理签订合同、申请领取准用证书、申请领取商标标识、交纳管理费等事项。

2024 年 5 月，西湖龙井茶协会在上海市徐汇区某茶行经营的店铺购买了一份礼盒茶叶，礼盒内有两个相同的金属茶叶罐，礼盒外部纸质包装袋、礼盒及茶叶罐中央位置均印有“西湖龙井”字样，在茶叶罐内的塑料包装上亦有斜排的“西湖龍井”字样。茶叶包装上无任何生产厂商、生产日期、生产批次等信息。西湖龙井茶协会认为该茶行侵犯了该协会的注册商标专用权，欲诉至人民法院，请求判令其停止侵权并赔偿西湖龙井茶协会经济损失 5 万元。

问题：

（1）西湖龙井茶协会应到哪个地区的哪一级人民法院起诉？当事人任何一方如果不服一审判决或裁定，应该在什么时间内到哪一级人民法院申诉？

（2）人民法院会支持西湖龙井茶协会的诉求吗？为什么？